正向教育
故事系列

樹懶樂樂，
提起幹勁做事成

蘇·格雷夫斯 著

特雷弗·鄧頓 繪

潘心慧 譯

新雅文化事業有限公司
www.sunya.com.hk

正向教育故事系列

《正向教育故事系列》全套16冊，**旨在培養孩子正向的性格強項，發揮個人潛能，活出更精彩豐盛的人生。**

在本系列裏，動物們遭遇到孩子成長中會遇到的困境，幸好他們最終都能發揮相關的性格強項，完滿地解決事情，還得到意外驚喜。

小朋友，準備好了嗎？現在，就讓我們進入正能量世界，一起跟着

 鱷魚卡卡學**毅力**　　 大象波波學**仁慈**

 豹子達達學**團隊精神**　　 長頸鹿高高學**公平**

 河馬胖胖學**正直**　　 獅子安安學**希望**

 猴子奇奇學**審慎**　　 烏龜娜娜學**勇敢**

 老虎哈哈學**自我規範**　　 犀牛魯魯學**社交智慧**

 灰狼威威學**愛**　　 樹懶樂樂學**熱情與幹勁**

 樹熊思思學**開明思想**　　 斑馬敏敏學**勇敢和毅力**

 奇異鳥滔滔學**自我規範**　　 熊貓元元學**社交智慧**

每冊書末還設有**親子/師生共讀建議**，幫助爸媽和孩子說故事呢！

 **升級功能**

　　本系列屬「新雅點讀樂園」產品之一，若配備新雅點讀筆，爸媽和孩子可以使用全書的點讀和錄音功能，聆聽粵語朗讀故事、粵語講故事和普通話朗讀故事，亦能點選圖中的角色，聆聽對白，生動地演繹出每個故事，讓孩子隨着聲音，進入豐富多彩的故事世界，而且更可錄下爸媽和孩子的聲音來說故事，增添親子閱讀的趣味！

　　「新雅點讀樂園」產品包括語文學習類、親子故事和知識類等圖書，種類豐富，旨在透過聲音和互動功能帶動孩子學習，提升他們的學習動機與趣味！

　　家長如欲另購新雅點讀筆，或想了解更多新雅的點讀產品，請瀏覽新雅網頁 (www.sunya.com.hk) 或掃描右邊的QR code進入 新雅•點讀樂園 。

如何使用**新雅點讀筆**閱讀故事

❶ 下載本故事的聲音檔案

1. 瀏覽新雅網頁(www.sunya.com.hk) 或掃描右邊的QR code 進入 新雅・點讀樂園。

2. 點選 下載點讀筆檔案 ▶。

3. 依照下載區的步驟說明，點選及下載《正向教育故事系列》的聲音檔案至 電腦，並複製至新雅點讀筆的「BOOKS」 資料夾內。

❷ 點讀故事和選擇語言

啟動點讀筆後，請點選封面 新雅・點讀樂園，然後點選書本上的故事文字或說 話的人物，點讀筆便會播放相應的內容。如想切換播放的語言，請點 選每頁左上角的 粵/書 粵/口 普 圖示，當再次點選內頁時，點讀筆便會 使用所選的語言播放點選的內容。

粵語
朗讀故事

粵語
講故事

普通話
朗讀故事

安安的體形的確太大了，他無法坐上小型賽車，不過他一點都不介意，還去玩火箭沒進。安安覺得這個機動遊戲更好玩呢！

然後大鳥老師看看手錶，她說時間剛剛好，大家還來得及一起去玩沖天過山車。那是森林樂園裏最高、最快、最刺激的機動遊戲！

20

❸ 播放整個故事

如想播放整個故事請點選下面的圖示：

選擇語言

粵語
朗讀故事

粵語
講故事

普通話
朗讀故事

播放整個故事

播放　　　　**暫停**　　　　**停止**

❹ 製作獨一無二的點讀故事書

爸媽和孩子可以各自點選以下圖示，錄下自己的聲音來說故事！

1️⃣ 先點選圖示上 爸媽錄音 或 孩子錄音 的位置，再點 OK，便可錄音。

2️⃣ 完成錄音後，請再次點選 OK，停止錄音。

3️⃣ 最後點選 ▶ 的位置，便可播放錄音了！

4️⃣ 如想再次錄音，請重複以上步驟。注意每次只保留最後一次的錄音。

爸媽請使用
這個圖示錄音

孩子請使用
這個圖示錄音

樹懶樂樂非常懶惰，他的睡房亂七八糟。他從不掛起洗好的衣服，也從不收拾玩具。媽媽要他多幫忙，但樂樂卻説收拾很無聊。

有一次，老虎邀請樂樂去他的生日會，樂樂本來想穿他最喜歡的那件上衣，但房間裏亂七八糟的，怎麼找也找不到。

　　於是，他只能穿最難看的那件毛衣去出席生日會。媽媽說只要樂樂把東西分類放好，其實什麼都可以輕易找得到。

每個早上，樂樂的爸爸媽媽都必須想盡辦法叫樂樂起牀。媽媽試着製造噪音，卻毫無作用。

爸爸試着用力地拉他起來，但還是沒有用。爸爸放棄了，説樂樂太懶了。樂樂説他太喜歡那張舒適的牀了，一點也不想起牀！

　　樂樂從不會主動幫忙做家務，他從來不會洗自己用完的餐具，也懶得把垃圾扔進垃圾桶裏。爸爸媽媽都很生氣，他們指責樂樂太懶惰了。

樂樂在學校也很懶惰。他懶得好好寫字，大鳥老師說她看不懂他寫的字，於是要求他再寫一遍。

　　有時候，他甚至懶得喝完水後也不把水壺的瓶蓋蓋上，所以當他不小心撞倒水壺時，裏面的水便會灑得到處都是。大鳥老師嚴厲地請他必須把水擦乾淨。

在上體育課的時候，全班一起踢足球。樂樂負責當守門員，但他很快便覺得無聊，於是他躺在陽光下呼呼大睡。大家都很生氣，因為樂樂不參與，沒有做好守門員的責任。

當天下午，駱駝老師請大家一起為即將舉行的學校開放日做紙杯蛋糕。她說蛋糕攤位一向很受來賓的歡迎。

18

駱駝老師用心教大家怎麼做蛋糕，也時刻提醒大家要立刻清理不小心掉在地上的東西，因為濕滑的地板可能會造成危險。

　　但樂樂完全沒理會駱駝老師的叮囑，他掉了一個雞蛋，雞蛋在地上一滾，就在駱駝老師的腳邊破了，樂樂卻懶得去清理。

　　駱駝老師沒有看見破了的雞蛋，一踩上去便滑倒了，不慎地傷了膝蓋。樂樂過意不去，他知道如果剛才他把地板擦乾淨，可能意外就不會發生了。駱駝老師受傷了，他感到很內疚。

樂樂去見大鳥老師，誠實地認錯和反省。他知道自己不該那麼懶惰，他愧疚地說如果駱駝老師沒有因為他而受傷就好了，如果他沒有破壞朋友的球賽就好了……還有，如果他多些幫忙爸爸媽媽就好了。大鳥老師問樂樂接下來打算怎樣做。

樂樂說要向同學道歉，並決定以後用心參與活動。當別人需要幫助，樂樂亦決定會伸出援手。大鳥老師認為這些都是非常好的想法。

樂樂跟同學們說對不起，好好道歉後，他積極參與球賽，而且完全沒有停下來去小睡。大家都稱讚他是全班最好的守門員！

樂樂還用心地寫了一張道
歉卡給駱駝老師。駱駝老師
說，卡上寫的是她見過最漂亮
的字！見到樂樂如此用心，駱
駝老師也原諒了他。

對不起

當天放學後，樂樂為自己的懶惰跟爸爸媽媽說對不起。當晚，他幫忙洗碗。

他亦用心收拾自己的房間，把每件衣服都摺疊整齊。

樂樂甚至主動幫爸爸洗車！

　　然後，爸爸幫樂樂做給學校開放日的紙杯蛋糕。這次樂樂做得很認真，他把不小心掉到桌上的材料都清理乾淨。

第二天，學校舉行了開放日。樂樂一整天都很努力工作，大家都説他樂於助人。樂樂很高興，他也發現原來自己喜歡忙碌、喜歡參與。樂樂説原來懶惰使自己感到無聊，忙碌和幫助別人才使自己過得充實和快樂！

認識正向心理學的 24 個性格強項

正向心理學之父馬丁‧賽里格曼 (Martin Seligman) 與其他學者合作，研究出一套以科學驗證為基礎的正向心理學理論，提出每人都能培育及運用所擁有的性格強項，活出更豐盛的人生。

正向心理學中的性格強項分成 6 大美德 (Virtues)，共 24 個性格強項 (Character Strengths)。只要我們好好運用性格強項和應用所累積的正向經驗，日後無論是在順境或逆境中，我們仍然能從中獲得快樂及寶貴的經驗。

現在，一起來認識 24 個性格強項：

智慧與知識
(Wisdom & Knowledge)
喜愛學習 (Love of Learning)
開明思想 (Judgement)
洞察力 (Perspective)
創造力 (Creativity)
好奇心 (Curiosity)

勇氣
(Courage)
正直 (Honesty)
勇敢 (Bravery)
熱情與幹勁 (Zest)
毅力 (Perseverance)

節制
(Temperance)
謙遜 (Humility)
審慎 (Prudence)
寬恕 (Forgiveness)
自我規範 (Self-regulation)

24 個 性格強項

公義
(Justice)
公平 (Fairness)
團隊精神 (Teamwork)
領導才能 (Leadership)

靈性與超越
(Transcendence)
希望 (Hope)
感恩 (Gratitude)
幽默感 (Humour)
靈修性 (Spirituality)
對美麗和卓越的欣賞
(Appreciation of Beauty and Excellence)

仁愛
(Humanity)
愛 (Love)
仁慈 (Kindness)
社交智慧 (Social Intelligence)

樹懶樂樂非常懶惰，做任何事也得過且過，也不願意幫助別人或投入活動。他覺得生活無聊，對任何事都提不起勁。學校將要舉行開放日，樂樂跟同學做蛋糕時，因為懶得收拾掉在地上的破雞蛋，最終令駱駝老師受傷了。

　　這給樂樂當頭棒喝，終於明白懶惰給自己和別人帶來多大的麻煩。他反省後，發揮**熱情與幹勁**的性格強項。他**鼓起幹勁**，嘗試**積極地投入**活動。別人正面的回饋提升樂樂**用心做事**的動機，他變得**熱衷**於每項活動，這使他更有**活力及衝勁**去應對接下來的生活和挑戰！

親子 / 師生共讀建議

讀完故事後，和孩子談談這本書：

1. 與孩子談談故事的情節，鼓勵孩子按時間順序複述故事的情節。

2. 跟孩子說說他們怎樣看樂樂懶惰的性格。他為什麼會如此懶惰？問問孩子什麼時候會想偷懶呢？偷懶後又有什麼感受？

3. 樂樂為什麼決心改善自己懶惰的性格？請孩子想一想自己是否曾經因為自己的懶惰而帶給別人麻煩，並鼓勵孩子說出懶惰的壞處。

4. 請孩子想想為什麼參與團體活動很重要。對於建立友誼有沒有幫助？更多人參與會不會玩起來更開心？

5. 問問孩子他們在家幫忙做些什麼。有沒有自己收玩具？睡房有沒有保持整潔，衣服有沒有掛好？有沒有幫忙爸爸媽媽？為什麼他們覺得幫忙做家務很重要？

6. 請孩子列出能帶給他們動力的事或活動，讓他們發掘自己的內在潛能及認識自己的喜好。

正向教育故事系列

樹懶樂樂，提起幹勁做事成

作　　者：蘇・格雷夫斯（Sue Graves）
繪　　圖：特雷弗・鄧頓（Trevor Dunton）
翻　　譯：潘心慧
責任編輯：黃偲雅
美術設計：郭中文
出　　版：新雅文化事業有限公司
　　　　　香港英皇道499號北角工業大廈18樓
　　　　　電話：（852）2138 7998
　　　　　傳真：（852）2597 4003
　　　　　網址：http://www.sunya.com.hk
　　　　　電郵：marketing@sunya.com.hk
發　　行：香港聯合書刊物流有限公司
　　　　　香港荃灣德士古道220-248號荃灣工業中心16樓
　　　　　電話：（852）2150 2100　傳真：（852）2407 3062
　　　　　電郵：info@suplogistics.com.hk
印　　刷：中華商務彩色印刷有限公司
　　　　　香港新界大埔汀麗路36號
版　　次：二〇二三年十月初版

ISBN : 978-962-08-8205-0
Original published in the English language as 'Behaviour Matters! Sloth Gets Busy (A book about feeling lazy)'
Text © Hodder and Stoughton 2020
Illustrations © Trevor Dunton 2020
Copyright licensed by Franklin Watts, an imprint of Hachette Children's Group,
Part of Hodder and Stoughton
Traditional Chinese Edition © 2023 Sun Ya Publications (HK) Ltd.
18/F, North Point Industrial Building, 499 King's Road, Hong Kong
Published in Hong Kong SAR, China
Printed in China